¡Mami, mami!

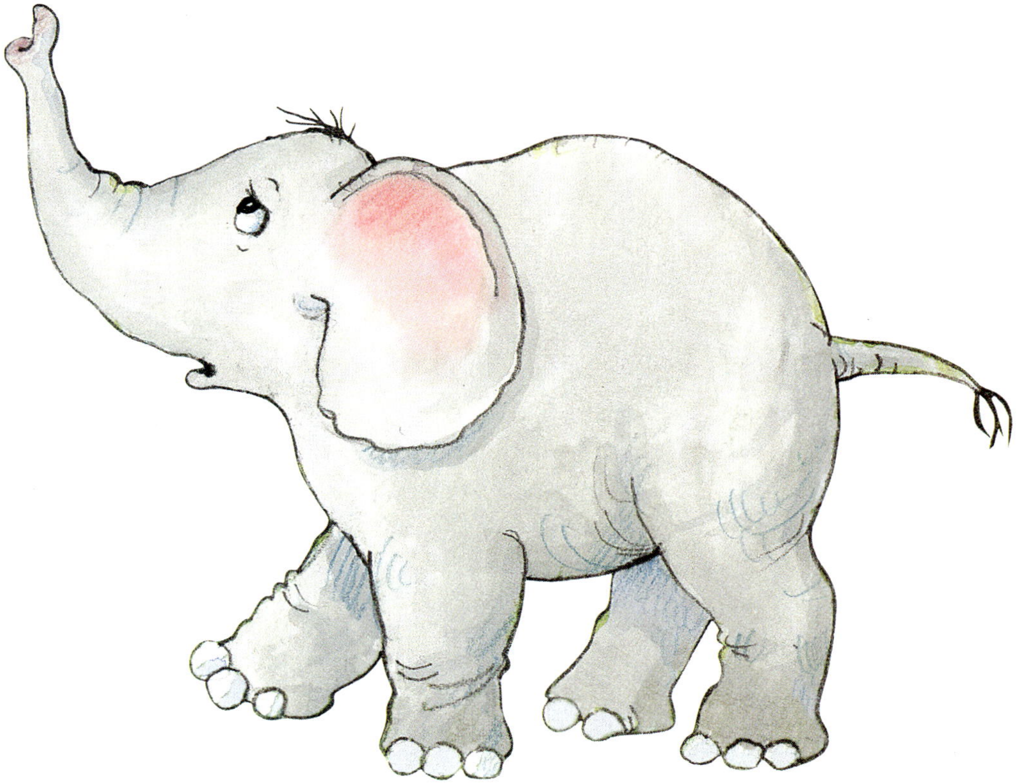

Lada Kratky
Ilustrado por Ann Iosa

HAMPTON-BROWN
Quien sabe dos lenguas vale por dos.

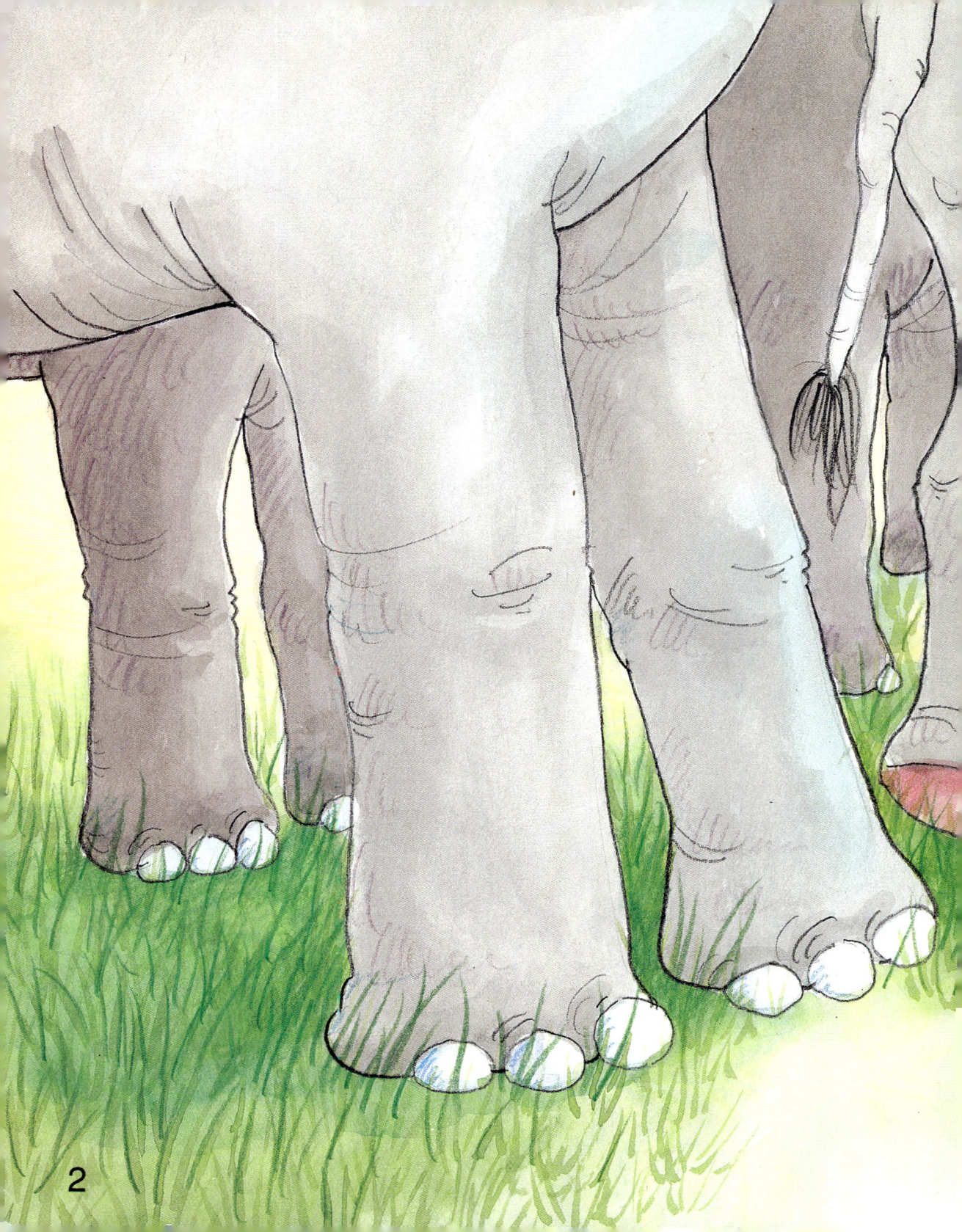

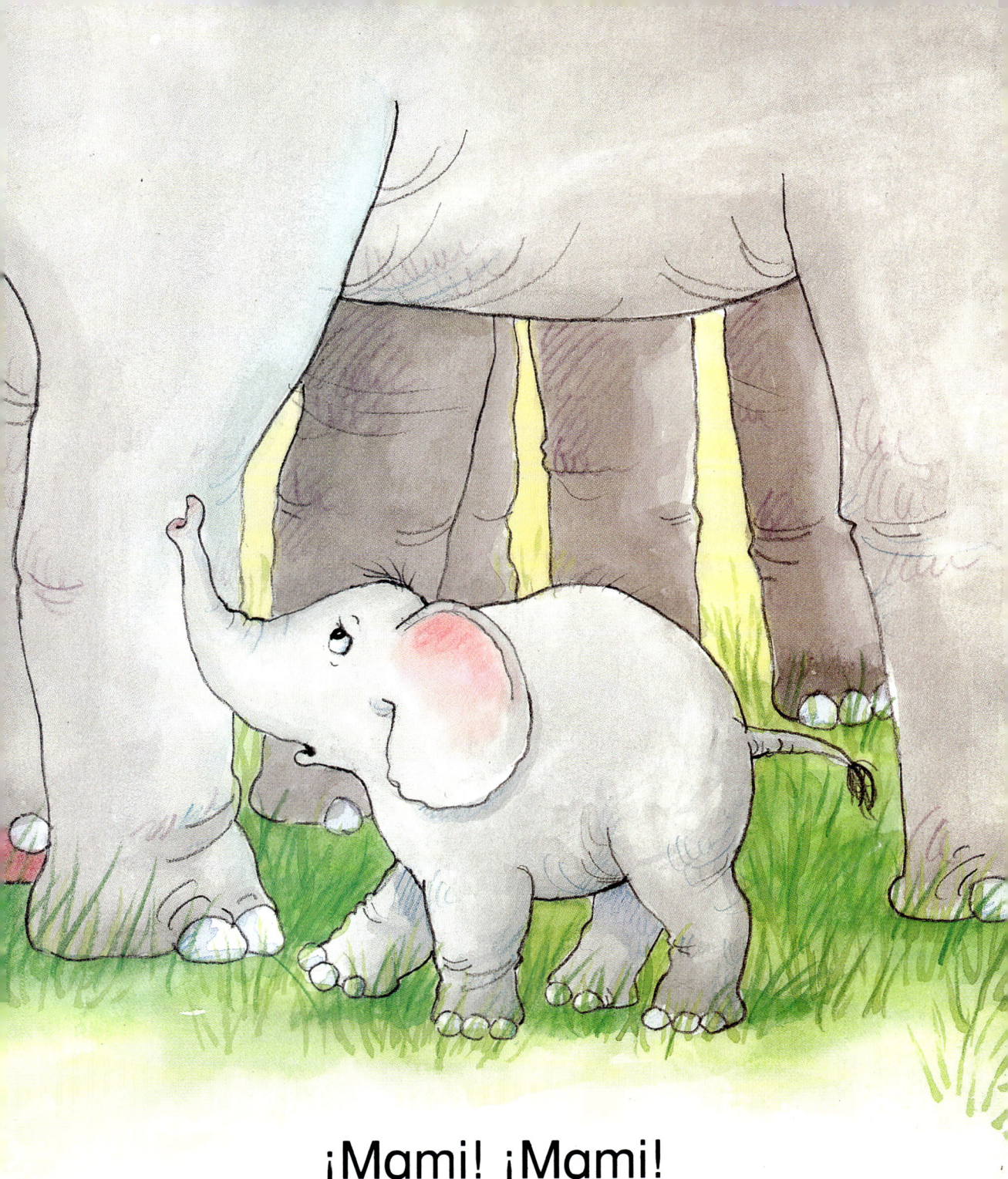

¡Mami! ¡Mami!

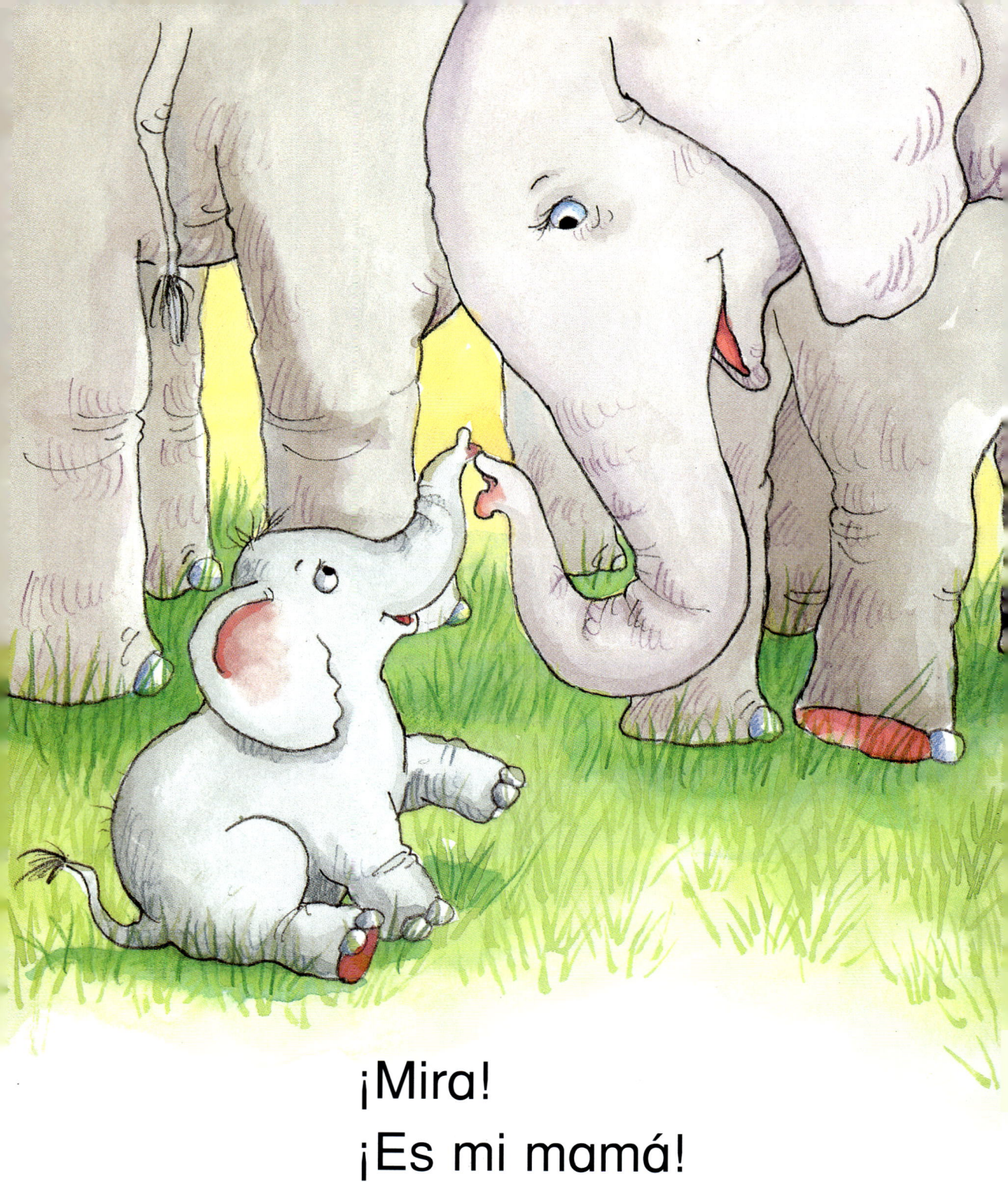

¡Mira!
¡Es mi mamá!

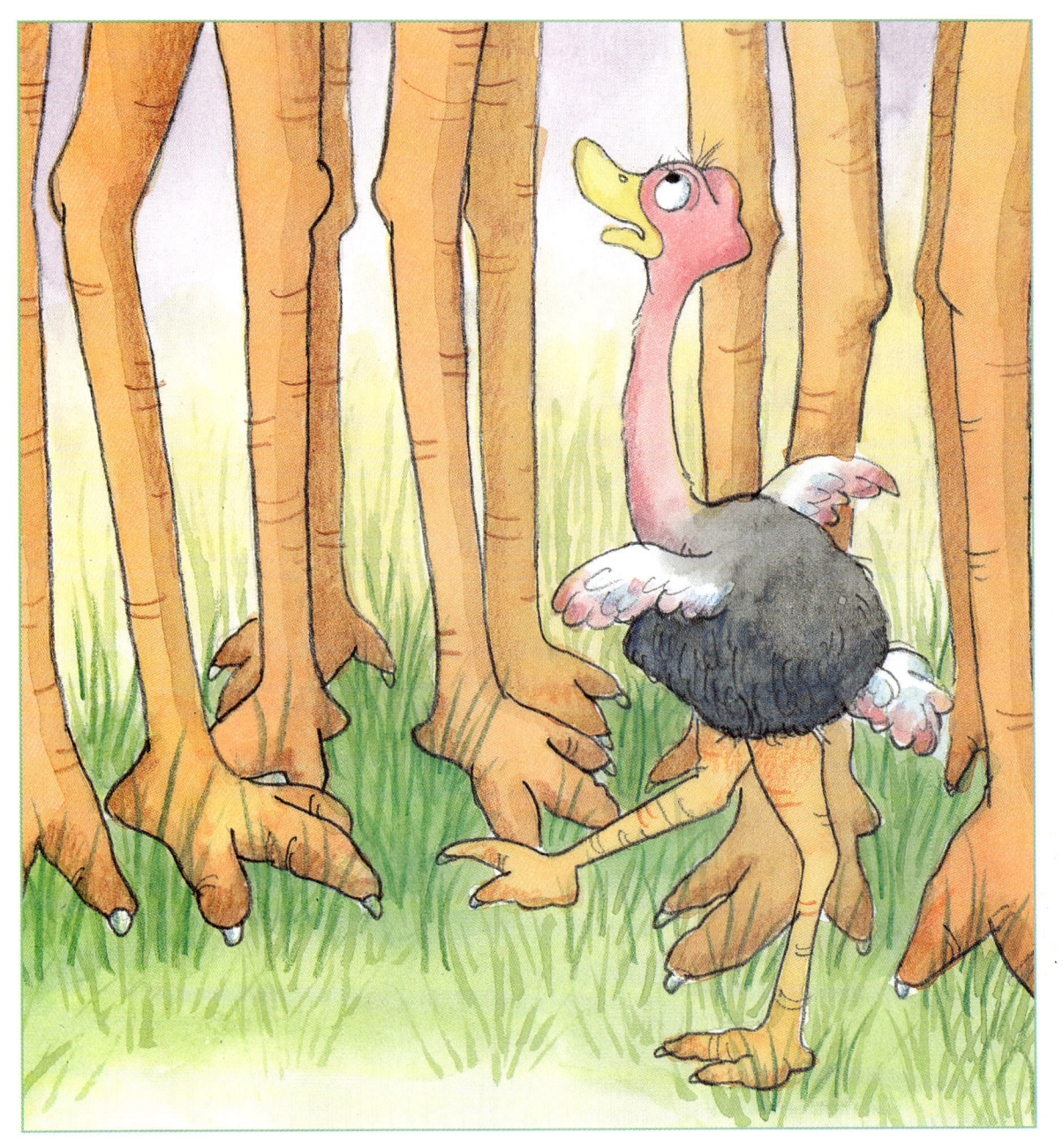

¡Mami! ¡Mami!

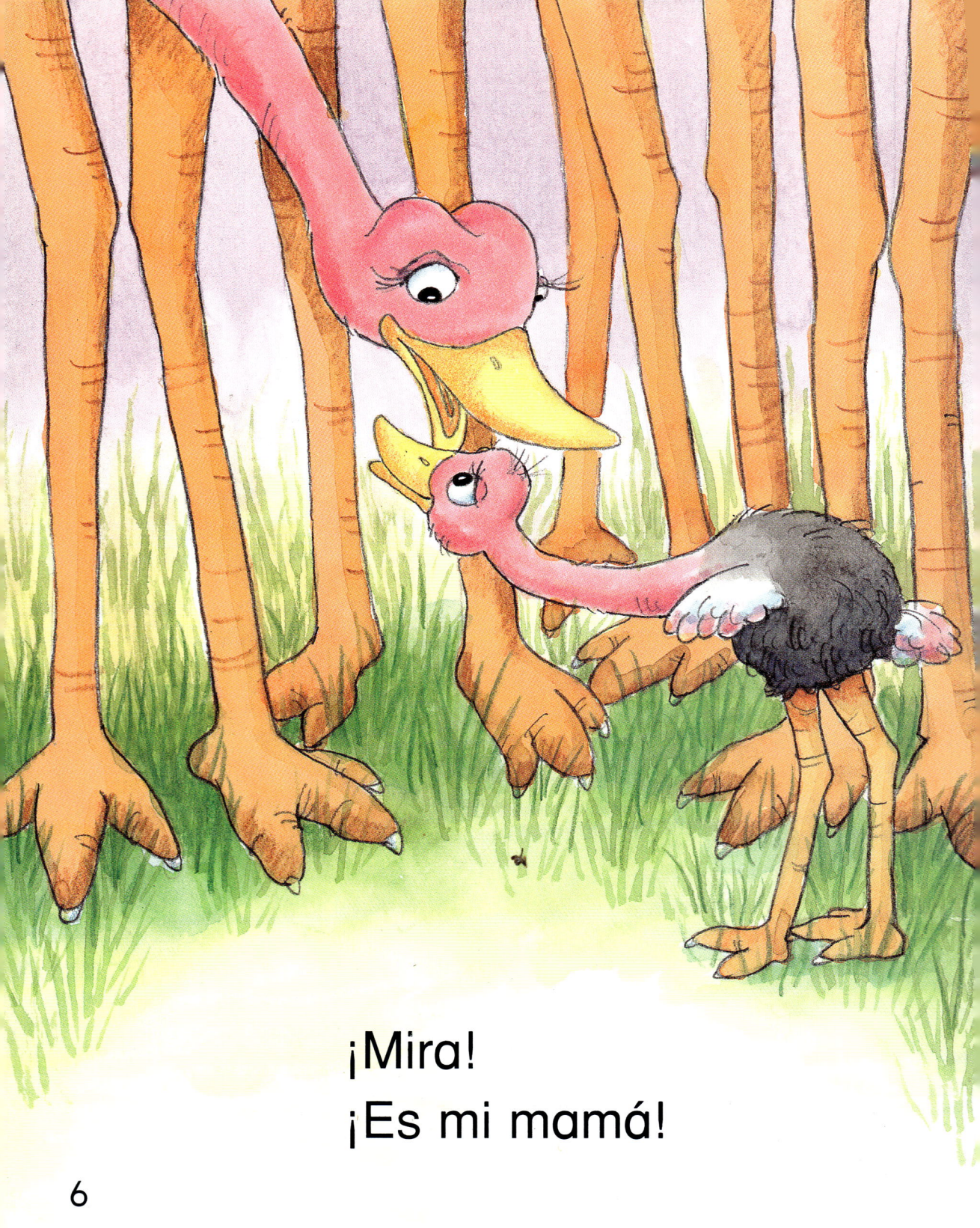

¡Mira!
¡Es mi mamá!

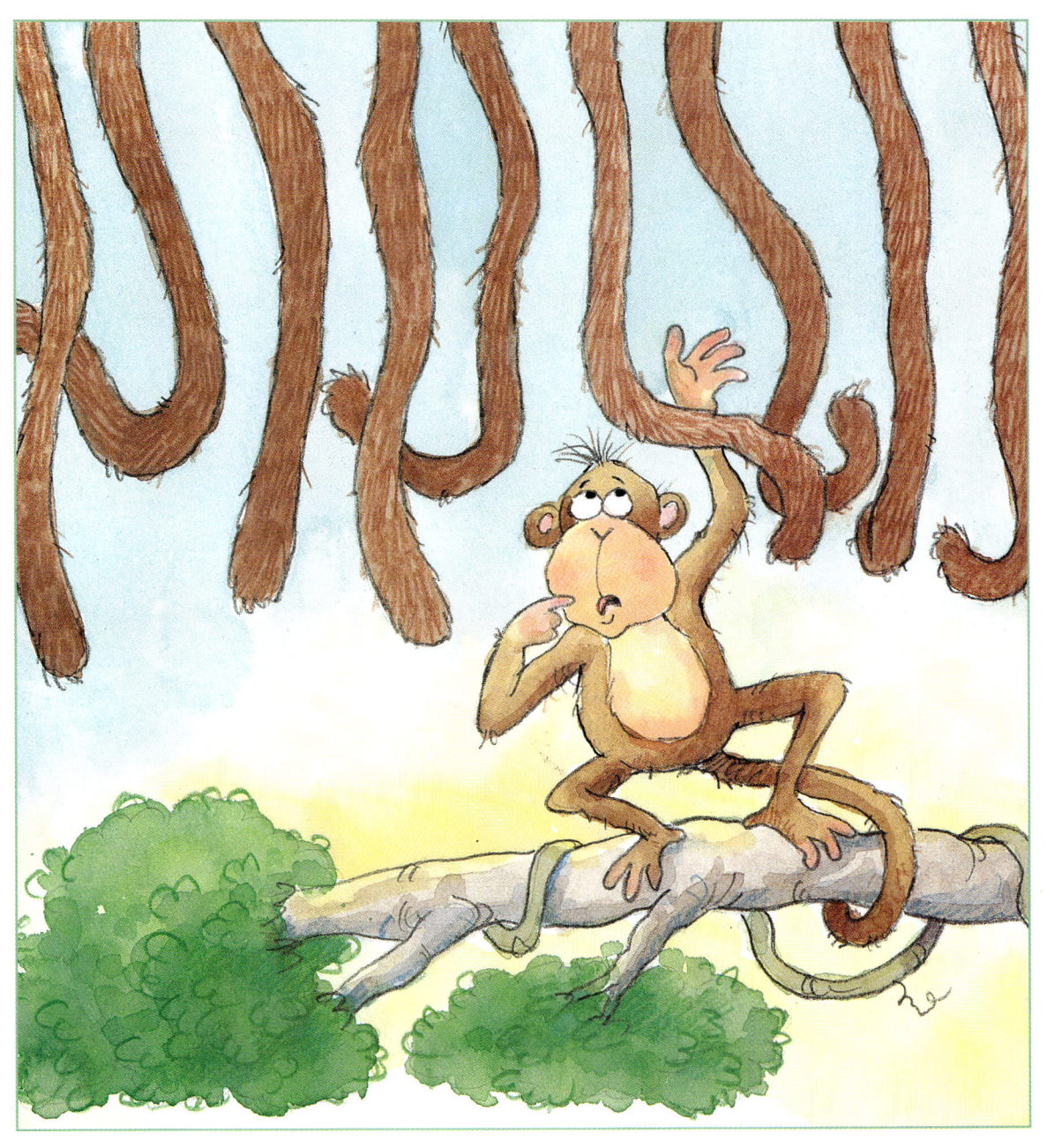

¡Mami! ¡Mami!

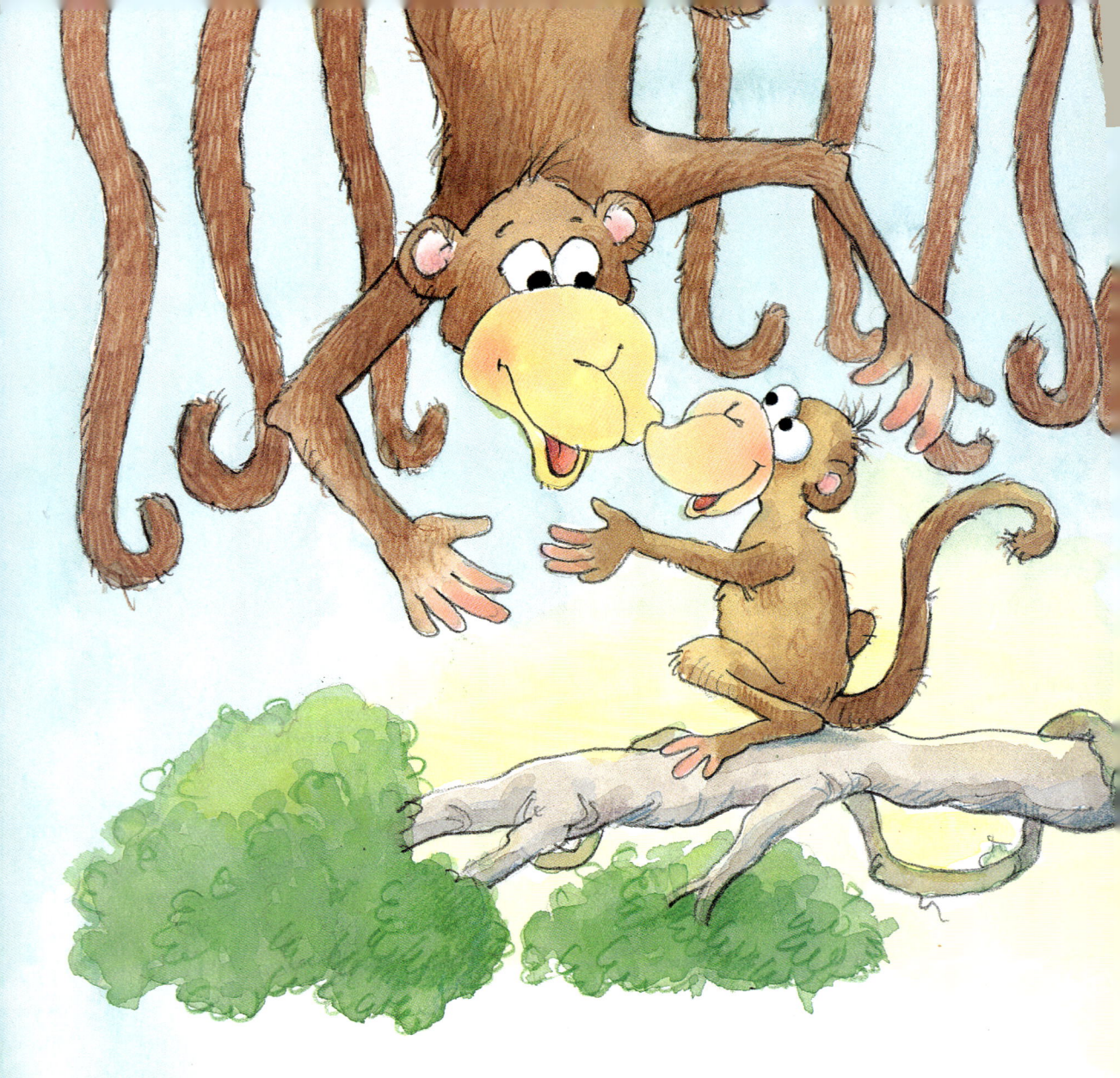

¡Mira!
¡Es mi mamá!
Mi mamá me mira a mí.